AF226933

NOTICE

HISTORIQUE ET STATISTIQUE

SUR

TRIZAC.

NOTICE

HISTORIQUE ET STATISTIQUE

SUR

TRIZAC,

Commune du canton de Riom, arrondissement de Mauriac, département du Cantal,

PAR

M. l'abbé CHAUMEIL,

Né dans ce bourg, le 27 mai 1791, vicaire de Murat en 1810, curé d'Allanche en 1820, supérieur-aumônier du couvent de St-Joseph de cette ville, par démission volontaire, en 1825, fondateur et directeur de la communauté enseignante des religieuses du même ordre au faubourg de Saint-Flour en 1830, chanoine honoraire de la cathédrale en 1833, membre de l'Institut historique de Paris, en 1835, prédicateur de carême dans les cathédrales de Saint-Flour, de Mende, d'Alais et d'Uzés, depuis 1833 à 1840, auteur de la biographie des personnes remarquables de la Haute-Auvergne et de plusieurs autres écrits religieux et historiques.

SAINT-FLOUR,

IMPRIMERIE DE ALFRED PASSENAUD, IMPRIMEUR DU CLERGÉ.

—

1861.

NOTICE

HISTORIQUE ET STATISTIQUE

SUR TRIZAC,

Commune du canton de Riom, arrondissement de Mauriac, département du Cantal.

INTRODUCTION.

Le lieu d'origine a toujours été cher à l'homme ; la pensée de la terre natale a fait souvent battre agréablement son cœur, et cet attachement à son pays de naissance, n'est pas le privilége exclusif des hommes qui habitent les régions fortunées du globe ; les contrées les plus disgraciées sont également chères à leurs habitants; c'est ainsi que les chétifs Laponais se complaisent au milieu de leurs éternelles glaces. Animés de cette louable passion, les Juifs, en captivité à Babylone, assis sur les bords enchantés de l'Euphrate, ne pouvaient retenir leurs larmes au souvenir de Sion ; *Super flumina Babylonis, illic sedimus et flevimus, cùm recordaremur Sion.* Virgile, dans l'enivrement prestigieux de sa gloire, tenait surtout à faire connaître à la postérité que Mantoue l'avait vu naître, *Mantua me genuit,* et un des plus saints et des plus illustres évêques d'Auvergne, Sidoine Apollinaire, a dit, dans l'un de ses écrits, que «la terre qui fut notre berceau, prend à juste titre la première place dans nos affections» *summas in affectu partes jure sibi usurpat terra quæ genuit.*

Partageant entièrement ces douces convictions, nous allons consacrer quelques pages à parler du lieu de notre naissance, Trizac, commune qui a son importance dans le Cantal, par son ancienneté, sa population, la fécondité du sol, ses bonnes et nombreuses foires, l'intelligence et l'excellent esprit de ses habitants. Ces précieux avantages, qu'offre la commune de Trizac, joints à l'insigne honneur d'avoir toujours fait partie de la glorieuse Auvergne, si célèbre dans les fastes de l'histoire, sont des titres honorables et dignes de lui mériter l'affection de ses enfants, et, de notre part, le faible hommage que notre gratitude va lui décerner. Nous publions cette notice historique dans un but d'utilité, nous avons la confiance, qu'en mettant ainsi sous les yeux de nos compatriotes, les titres de la commune de Trizac, à leur admiration et à leur estime, cet exposé contribuera à entretenir parmi eux le feu sacré de la vertu, de l'amour de la terre natale et du désir de bien faire, et cet heureux résultat sera pour nous la plus belle récompense.

CHAPITRE 1er.

Ancienneté d'origine de Trizac.

Trizac, commune du canton de Riom-ès-Montagnes, arrondissement de Mauriac, département du Cantal, peut, avec raison se prévaloir de l'ancienneté de son origine, soit qu'on le considère, comme ayant fait constamment partie de l'Auvergne, soit à cause des vieilles chroniques qui font mention de ce bourg, ainsi que de la plupart de ses villages.

§ 1er

Ancienneté d'origine de Trizac, comme ayant toujours fait partie de l'Auvergne.

Trizac ayant toujours fait partie de l'Auvergne , peut revendiquer en sa faveur l'insigne honneur de l'antiquité de son origine , ainsi que des autres titres d'illustration de cette noble Auvergne qui a été le pays, au monde, le plus bouleversé par l'action des feux souterrains, ou volcans, dont il reste des vestiges frappants de ces hauts cratères, de ces torrents de lave , de ces débris torréfiés et de ces terribles catastrophes, et de ces effrayantes convulsions de la nature. Or, maintenant , l'ancienneté d'origine de l'Auvergne est des plus reculées et des plus glorieuses ; puisque, selon le poète Lucain, elle est la même que celle des Romains, qui descendaient des Troyens, et cette glorieuse et antique origine de l'Auvergne est corroborée par les autres genres d'illustration de cette province, telle que sa célébrité mentionnée dans l'histoire , six cents ans avant l'ère chrétienne. Les Arvennes, ayant suivi en Italie, l'an 164 de la fondation de Rome, Bellovèze et Sigovèze, neveux d'Anbigal, roi de la Gaule Celtique, l'étendue territoriale de la même province qui, d'après le géographe Strabon. qui vivait 50 ans avant Jésus-Christ; n'avait d'autres limites que le Rhin , Marseille , l'Océan et la Loire ; sa puissance et sa prospérité étaient si grandes que, selon le même auteur, un des rois, Luérius , jetait dans sa magnificence et sa générosité , des pièces d'or et d'argent à tous ceux qui approchaient de son chariot, ajoutons à cette célébrité et à cette puissance de l'Auvergne le courage de l'illustre Vercingétorix qui força César à lever le siége de Gergovie et défendit Alesia avec une bravoure extraordinaire.

A ces preuves de l'ancienneté de la commune de Trizac, nous allons ajouter celles des vieilles chroniques qui en font mention.

§ II°

Vieill s chroniques dans lesquelles sont mentionnés la commune de Trizac et la plupart de ses villages.

Trizac, ancienne baronnie et dont aucune famille n'a jamais pris le nom , faisant partie de la seigneurie de Cheyroux, est très-ancien. Ce bourg est ainsi mentionné dans la charte attribuée à Clovis : « A Trizac , y est-il dit, sont trois églises dédiées, l'une à sainte Marie, l'autre à saint Jean-Baptiste et la troisième à saint Beauzire » il serait possible que ces mots *trois églises* aient contribué à la formation du mot *Trizac ;* mais il est plus probable selon nous, qu'aient pu contribuer à la formation de ce mot, les trois eaux *tres aquæ,* eaux, sources qui jaillissent au haut du bourg avec tant d'abondance.

Les villages de la dépendance de Trizac, dont l'ancienneté est prouvée par la même charte attribuée à Clovis , sont Terna ; il y est dit : « A Terna est une métairie occupée par le serf Arnald, il donne une vache grasse , une mesure de froment et douze deniers. » Le village de Chauvel est également très-ancien , on croit qu'il est le val mentionné dans cette charte.

Liouchy est aussi mentionné dans la charte de Clovis , on remarque dans ce village les ruines d'un château , fief qui relevait de la seigneurie de Saignes et appartenait en 1397 à Léonel du Chambon, seigneur d'Anteroche. Ce fief passa ensuite dans la maison de Valens. En 1650 on voyait près du château une belle chapelle, qui probablement doit être la chapelle actuelle. A Cheyrouse était aussi un château chef-lieu d'un fief important relevant de la seigneurie de la Tour. Ce fief appartint successivement aux familles de Peyre, de Chalvet et de Chabanes. Une Françoise de Chalvet le porta en dot à Jacques de la Faye d'Esprisses, premier président au parlement de Paris, puis à son fils Charles, intendant des finances et à son petit-fils Henri, premier conseiller du duc d'Orléans, enfin ce fief passa de nouveau dans la maison de Chabannes. Au village du Fayet était encore un autre château dont Brun de Clavier fit hommage, en 1269, à l'évêque de Clermont, avec l'affare de Marlhiou et le peuch Redon ou suc-de-Rond. Ce fief fut ensuite vendu, en 1309, à Guillaume Comptour d'Apchon.

On prétend aussi qu'il y avait, au village de Laurichesse un autre château féodal qui relevait de la comtoirie de Saignes. Ce fief, dans son origine, appartint à une branche de la maison de Clavier, il passa ensuite dans la famille de Ribier, qui le vendit en 1745 à Léonard de Chazelles. On lit, dans un ancien titre que les habitants de Laurichesse furent contraints de vendre des communaux pour faire face à la partie de frais, à leur charge, occasionnés par la compagnie du sieur de Sieujhac qui tenait le pays, en 1575.

Le village de Chavaroche donna son nom à une famille qui en avait la seigneurie et qui s'illustra dans la carrière des armes. Jean Monteil de Chavaroche, son auteur, fut ennobli en récompense de ses services, par lettres patentes du 7 septembre 1643, enregistrées à la cour des aides le 17 juin 1644 et confirmées en 1616. Ses quatre fils se distinguèrent dans la même carrière, deux moururent sur le champ de bataille et les autres deux y perdirent leur liberté. L'aîné d'entre eux, Antoine de Chavaroche, qui avait épousé Marguerite de Bienne, fut père de deux fils; dont l'un fit partie en 1689 des cent chevau-légers de la garde du roi et le second fut lieutenant colonel au régiment de Noailles.

Le village de Laveissière avait appartenu successivement aux familles de Saignes-Monteil, du Fayet, de Clavier, de Montclard et de Chazelles. Cette dernière, qui en était en possession à l'époque de notre grande révolution, avait laissé dans le pays un précieux souvenir de vertus. Tels sont les titres d'ancienneté de la commune de Trizac. Nous allons maintenant parler de sa population, de la nature de son sol et du caractère de ses habitants.

CHAPITRE II.

Population de la commune de Trizac, ses villages, ses hameaux, nombre de ses maisons et ses limites.

La population de la commune de Trizac est de 1773 habitants, répartis dans le bourg, villages et hameaux.

Les villages, au nombre de quinze, sont : les Bessonies,

Chamblat, Lachassagne, Chauvel, Chavaroche, Cheyrouse, Lacoste, le Fayet, Laurichesse, Leybros, Lieuchy, Sagnes-Monteil, Ternat, Laveissière et Vrauzan. Les hameaux sont au nombre de dix : la Bessaire, Fonrouge, las Doux, las Prades, la Levade, Manclaux, la Margerie, les Taules, le Moulis et la Montagnoune. Le nombre des maisons de la commune de Trizac est de 322. La plus grande portion est sans contredit dans le bourg, qui renferme une population de sept cents âmes.

Trizac, quant à ses limites, est borné au nord par les communes de Menet et de Chastel, à l'ouest par celles d'Auzers et de Moussages, au midi par celle de St-Vincent et à l'est par celle de Colandre.

—

CHAPITRE III.

—

Superficie territoriale de la commune de Trizac, nature de son terrain et ses productions.

La surface du terrain occupée par le bourg de Trizac, ses villages et ses hameaux avec leurs dépendances, est d'environ 4,500 hectares de propriétés imposables qui se subdivisent ainsi :

Terre, 1140 hectares ; prés, 830 hectares; montagnes, 1989 hectares ; bois, 392 hectares ; jardins, 17 hectares ; bruyères, 19 hectares ; superficies bâties, 12 hectares. Le sol de la commune de Trizac est de nature volcanique, et très-fertile. Le bourg de Trizac, placé au pied des montagnes dans un petit enfoncement, forme chaque printemps un contraste admirable au milieu d'une pelouse verte, aromatique, émaillée de mille fleurs et d'une luxuriante végétation à l'exception du côté de l'ouest. Le chef-lieu est entouré d'un terrain cultivé en petites parcelles ; on y voit de beaux seigles, des avoines et du sarrasin ; il y a d'excellents pacages et de très-nombreux troupeaux de vaches, qui, mangeant une herbe fraîche et copieuse, engraissent à vue d'œil et donnent du lait en abondance. Au couchant de Trizac, c'est-à-dire sous le bourg, sont des prairies d'une qualité supérieure, qu'on peut comparer, sans exagération, aux belles prairies de Vic et aux autres meilleures du département.

Ces prés sont déprimés chaque année jusqu'à la fin du mois de mai, et néanmoins à la fin de juin on les fauche et l'herbe est de la plus grande abondance. Il y a ensuite la récolte des regains qui sont très-copieux et enfin une quatrième herbe pour faire pacager les vaches qui descendent des montagnes, quand l'automne est favorable.

Il résulte de cette fécondité du sol de la commune de Trizac deux sortes de produits qui sont la richesse du pays, savoir l'élevage des bêtes à cornes, qui rivalisent avec la belle race de Salers et la fabrication du fromage. Ces deux branches de production ont acquis de notables accroissements, depuis la récente amélioration de l'espèce bovine dans le Cantal, en effet, par le bénéfice de cette amélioration, les bêtes à cornes sont plus belles, leur corps est plus volumineux et le lait des vaches plus abondant ; il en résulte donc une hausse dans le prix de vente des bestiaux, et dans la fabrication du fromage une plus grande quantité.

Le bas de la commune de Trizac, c'est-à-dire les villages de

Lieuchy, de Chauvel, de Ternat et de la Chassagne sont plus tempérés et donnent d'excellentes récoltes en froment, seigles et sarrasin, qui pendant la floraison présente une nape d'éclatante et odorante blancheur, sur laquelle l'industrieuse et active abeille va faire ses provisions d'hiver.

CHAPITRE IV.

Une source intermittente, dite Font-Bourdoire, dans le haut des montagnes et le bois de Marliou, propriété du bourg de Trizac.

On voit, à une certaine distance du bourg de Trizac, et sur la hauteur, une source intermittente, nommée Bourdoire, qui jouit dans le pays d'une grande célébrité. Son intermitence n'a rien de régulier, ses eaux disparaissent pendant un temps plus ou moins considérable, pour reparaître ensuite après de longues pluies. Cette réapparition est regardée comme un présage de disette, et cette croyance est fondée sur le fait que les années trop pluvieuses ne sont jamais des années d'abondance.

Le bois de Marlhiou, autrefois Cotteughe, est la propriété du bourg de Trizac. Ce bois, essence de hêtre, et où le noisetier vient en quantité, est une providentielle ressource pour les nombreux habitants de Trizac; ils en retirent annuellement leur bois de chauffage; ce qu'ils ne pourraient faire très-difficilement ailleurs, vu que les bois qui entourent Trizac sont éloignés et que les plus rapprochés sont de petites et insuffisantes parcelles.

Il faudrait alors aller au Falgoux, à la forêt d'Algère;

ou sur les bords de la Dordogne. Lorsque j'habitais Trizac, le bois de Marlhiou offrait un autre avantage à ce bourg.

Les maisons qui n'avaient pas de vaches tenaient une ou deux chèvres qu'on envoyait pacager tous les jours au bois de Marlhiou. Le long et important procès gagné par les habitants de Trizac contre les propriétaires des montagnes qui avoisinent Marlhiou, les a donc préservés d'une véritable calamité. Parlons maintenant des ruines qu'on rencontre dans ce bois. On trouve non seulement dans les villages déjà mentionnés, mais encore sur plusieurs autres points de la commune de Trizac, des vestiges d'habitations abandonnées, des restes de briques, de poteries et des tombelles. Mais les ruines de Marlhiou sont les plus considérables, on y remarque des vestiges de très-nombreuses habitations, dont les murailles étaient bâties en pierre brute et sans ciment ; ces maisons étaient ensuite protégées et ceinturées par un espèce de rempart, murailles également bâties à pierre sèche et sans ciment. On y a remarqué en outre une sorte de boulevard de terre amoncelée et battue. On a donné à ces ruines le nom de ville de Cotteughe, et un examen sérieux fait remonter ces restes à une haute antiquité, sans qu'on puisse néanmoins préciser l'époque de l'existence de la cité de Cotteughe, on est même étonné que son nom se soit ainsi conservé, car ce n'est qu'au XVe siècle qu'il est fait mention d'un Géraud du Fayet, prenant le titre de seigneur de Cotteughe, et il n'est parlé de l'affare de ce nom que dans des titres du XVIIe siècle.

Mais si l'histoire écrite est muette sur Cotteughe, la tradition orale y supplée largement ; si toutefois on peut donner le nom de tradition orale aux contes populaires les plus ridicules, à de véritables balivernes et aux droleries les plus comiques. Or, selon ces récits absurdes, la ville de Cotteughe aurait été habitée par des fées, elles auraient été forcées de l'abandonner sans qu'on assigne la raison pourquoi, et, en la quittant, elles y auraient laissé des trésors immenses, qu'elles viennent parfois retirer en partie. Un homme égaré, dit-on, il y a quelques années, aurait vu une de ces fées portant les rides de la sénilité et traînant à grand'peine une énorme marmite de bronze, et cette vieille décrépite aurait disparu subitement à la vue de notre montagnard. Les immenses trésors qui gisent dans le bois de Marlhiou, seraient recouverts d'une énorme dalle surmontée d'un gros anneau de bronze et le tout serait caché dans des broussailles, et on ne peut les retrouver que le jeudi saint ou le jour de Pâques pendant la célébration des saints offices. Telles sont les fariboles débitées gaiement au coin du feu, sans y croire, pendant les longues veillées d'hiver. Nous avons dit que le noisetier croissait en abondance dans le bois de Marlhiou, et lorsque le fruit de cet arbuste est parvenu à sa maturité, on voit, à Trizac, le dimanche après la messe matutinale, de nombreuses caravanes, composées de pauvresses et de jeunes personnes, par manière de récréation, se diriger avec entrain vers le bois de Marlhiou. Jeune encore, il me prit fantaisie de faire de même, ma sœur m'improvisa à cet effet un petit sac avec deux brassières, ayant soin d'y mettre le viatique du voyage, tout bonnement du pain et du fromage. Ainsi nanti, je me mêlai à la joyeuse bande, mais je sentis bientôt ma première ardeur se ralentir, le trajet me paraissait long , la faim commençait à se faire sentir, et il me tardait d'arriver au bois pour mettre sac bas, non comme un brave zouave, pour aborder ensuite résolument les noizetiers , mais bien pour faire préalablement un empressé et gracieux accueil à mes provisions de bouche. Ce besoin satisfait , on s'éparpilla dans la forêt, où l'on entendait le cric-crac des noisettes pressées; pour mon compte , sur quatre que je cueillais, deux tombaient sous les coups de mes dents pointues et les deux autres étaient mises dans mon petit sac, qui à la fin n'avait pas acquis un gros volume, et cela m'allait, car je n'étais pas un fort homme. Rentré à Trizac, je n'eus plus envie d'aller cueillir les noisettes de Marlhiou ; j'avoue ici qu'à cette époque, je savourais les contes bleus sur la ville de Cotteughe avec une délicieuse avidité.

CHAPITRE V^e.

Foires de Trizac et la nouvelle route qui traverse ce bourg.

Pour peu qu'on s'attache à étudier l'origine des centres de population, on acquiert bientôt la certitude que l'action civilisatrice de la religion, le soin de sa sécurité personnelle et le besoin de se réunir en nombre dans un but d'intérêts communs , ont été les causes principales de leur formation. C'est ainsi qu'on attribue à la dévotion envers la sainte Vierge, la formation primitive de l'intéressante cité de Mauriac, et aux châteaux féodaux protecteurs, celles des bourgs de Madic et d'Apchon. Trizac se trouverait compris dans la troisième catégorie ; en effet, on conçoit que les possesseurs des beaux pacages et des vastes montagnes qui avoisinent Trizac, durent, de concert, convenir d'un lieu de réunion pour l'écoulement de leurs produits, savoir : la vente des bestiaux et des fromages ; et Trizac, placé dans un petit enfoncement au pied de ces mêmes montagnes, était le lieu qui convenait. Il fallut dès lors songer à construire des habitations, et de là, la formation primitive du bourg de Trizac. Cette opinion nous paraît en outre confirmée par les anciennes et excellentes foires qui se tiennent à Trizac, le 19 mai, le 30 juin, le 18 septembre et le 2 novembre ; la meilleure de ces foires est sans contredit celle du 19 mai, qu'on peut comparer sans hésitation, sous le rapport de la vente des bestiaux, aux foires de la Saint-Mary, à Mauriac ; de la Saint-Urbain, à Aurillac ; du 2 juin, à Saint-Flour et de la Saint-Géraud, à Maillargues. Il se fait, le 19 mai, à Trizac, un commerce et une vente énormes de vaches qui ne sont ni pleines ni suivies et qu'on nomme *mannes*. Des marchands des cantons de Murat, d'Allanche, de Marcenat et de Besse, viennent les acheter pour les conduire dans les montagnes du Limon, d'Allanche et du Cézalier.

Outre cette branche précieuse de commerce qui attire tant de monde le 19, à Trizac, ce bourg vient d'être doté d'une autre artère de prospérité, c'est-à-dire, de la nouvelle route départementale, qui, partant de Murat par Ségur, Riom-de-Montagnes, traverse mon lieu d'origine, pour déboucher à Mauriac ; et notre impartialité, en mentionnant le bienfait de cette nouvelle voie de communication, nous porte à nommer un membre des plus honorables familles du pays, M. Auguste de Thuret, qui a pris une si large et si glorieuse part dans la confection de cette belle route, destinée à vivifier le bourg de Trizac.

—

CHAPITRE VIe.

—

Eglise paroissiale de Trizac ; autres édifices religieux et maisons d'éducation.

L'église paroissiale de Trizac est de style roman et une des plus belles des environs, elle a des bas-côtés et plusieurs chapelles latérales ; mais elle se fait remarquer surtout par trois magnifiques retables, savoir : le maître-autel, celui de la sainte Vierge et le troisième en l'honneur de saint Jean-Baptiste. La richesse, l'élégance des ciselures et la fraîcheur de la dorure brillent sur ces précieux ouvrages avec beaucoup d'éclat.

Il y a dans la paroisse deux chapelles l'une à Lieuchy, dédiée à N.-D. de la Nativité, et l'autre à la Chassagne, dédiée à sainte Marie-Madeleine. Ces deux chapelles étaient desservies, avant notre révolution, alternativement, chaque dimanche, par un prêtre communaliste, de Trizac, qui était mon oncle, l'abbé Chaumeil.

La chapelle de la Chassagne a été érigée, il y a déjà quelques années, en succursale, par les soins et le crédit de mon ami, M. l'abbé Fouilhoux, qui dans cette circonstance, voulut faire chose agréable à madame Chauvel, sa sœur. Cette chapelle est actuellement desservie par M. Mathieu.

Pour ce qui est des maisons d'éducation, il est certain que Mme Dupuy, veuve Lassagne, et sa fille Zélie Lassagne, en religion, sœur Saint-Joseph, sont les auteurs de l'œuvre excellente du couvent de Saint-Joseph de Trizac, ayant sacrifié leur fortune à cette louable fin ; la maison d'école des frères de Saint-Viateur est aussi le résultat des legs pieux des braves fidèles de la paroisse. Nous soutenons néanmoins, avec une entière assurance, que M. Chadefaux, respectable curé de Trizac, peut prendre hardiment le titre de fondateur de ces deux établissements ; car dans la création de ces deux institutions, l'intelligence, le zèle, la constance et le désintéressement de M. Chadefaux, ne se sont pas démentis un seul instant.

CHAPITRE VIIe.

La commune de Trizac, considérée sous le rapport religieux.

Les habitants de Trizac, comme tous nos montagnards des hautes pleines, sont en général d'une taille avantageuse et d'une santé robuste, ils joignent à ces avantages du corps, l'intelligence, l'émulation, un jugement sain et un grand attachement à la religion ; cet esprit religieux s'est spécialement manifesté à la fin du dix-huitième siècle et se perpétue de nos jours avec beaucoup d'édification.

On sait qu'une poignée de méchants et d'incrédules , comparativement à la très-grande majorité des Français restés fidèles à la religion catholique, commença au milieu du dernier siècle, à propager l'erreur, à fonder sa puissance, à ébranler les croyances religieuses et à préparer ce déluge de maux que la désastreuse et sanglante révolution de 93 fit pleuvoir sur la France ; temps d'affreuse mémoire ou l'on vit le trône antique des lys, renversé; le sceptre de St Louis, brisé; le descendant de Henri IV, porter sa tête royale sur l'échafaud ; les chefs-d'œuvre des arts, mutilés ; les temples du seigneur , profanés et ses ministres , immolés ou proscrits ! Or, quand parurent ces jours néfastes, œuvre monstrueuse d'une tourbe d'impies et de sacriléges, il y avait alors une grande foi dans la nation très-chrétienne , et la commune de Trizac, fraction imperceptible de la grande monarchie, était également animée des mêmes sentiments. Elle venait de donner une preuve éclatante de la vivacité de sa foi, par son empressement et ses heureuses dispositions à gagner le bienfait d'une mission , préchée par les pères de la maison de Salers , MM. Mathieu et de la Bricantière ; elle s'était distinguée aussi, à la même époque, par une respectueuse et chaleureuse réception faite à Mgr l'évêque de Clermont, venu en tournée pastorale dans l'arrondissement de Mauriac. Le chisme causé par le serment à la constitution civile du clergé, ne poussa que de très-faibles racines dans la paroisse de Trizac; les fidèles en masses n'eurent que mépris et éloignement pour les prêtres assermentés, et cela, sans aucune crainte. Mon père se trouvait dans une hôtellerie, à côté d'un prêtre qui avait fait le serment, celui-ci lui

présenta son verre, en disant : Allons, en signe de concilia-
tion. Non, lui répondit mon père, j'en suis fâché, mais je ne
communique pas avec les héritiques et les schismatiques.
Ma maison, dans ces temps malheureux, servit d'asile aux
prêtres fidèles; ils y venaient, à la faveur des ténèbres,
recevoir l'hospitalité et célébrer les saints mystères. Lorsque la terreur eut perdu de son intensité, on y faisait,
pendant le jour, les grandes cérémonies de la religion,
telles que la première communion des enfants. La paroisse
de Trizac comptait, au moment où la grande révolution
éclata, quatorze prêtres, tous nés dans son sein.

Le commencement de ce siècle vit s'écouler le torrent
dévasteur de la révolution ; des jours meilleurs se levè-
rent sur l'église de France ; un concordat fut conclu en
1801, entre le souverain pontife et le chef de la nation
très-chrétienne; cette heureuse transaction en rendant
la liberté au culte catholique, réjouit vivement le cœur
des fidèles ; les sentiments de foi , comprimés pendant
les quelques années de nos calamités, éclatèrent alors par
un subit et enthousiaste retour aux saintes pratiques de
la religion ; et la paroisse de Trizac , prompte à suivre
ce religieux mouvement, présenta un beau et touchant
spectacle de zèle et de piété.

A ces chrétiennes démonstrations, preuve évidente du
bon esprit de mon lieu d'origine , j'ajoute les vocations
ecclésiastiques écloses depuis le commencement de ce
siècle, et je suis heureux, dans cette circonstance , de
pouvoir mentionner les noms de mes vénérés confrè-
res, savoir : MM. de la Chassagne, Broquin , Charles ,
curé de Menet et mon ami; Jean, curé de Bort et cha-

noine honoraire de Tulle; et Jean-François, curé de St-Amandin; de Ternat : Lesmarie, curé du Vigean; de Trizac : Pomarat, chanoine de la cathédrale de Saint-Flour; de Vrauzan: Boachy, Jean-Antoine, curé de Chastel-Murillac; Claude, curé de Saint-Martin-Cantalès, et leurs deux neveux, dont l'un est vicaire à Riom et l'autre à Murat; de Chamblat : deux Chaussade; de Lieuchy : Duc, de Trizac : Chânet, mon parent, Raoux, Chauvel, Aurier, curé de Saignes; Chatonier, curé d'Enchanet; Fenolbac, Chauvel, Vaissier, Rabier, Ithier, Broquin et Chavinier.

CONCLUSION

de la notice sur Trizac,

Avec certains noms dont il importe de conserver le souvenir.

Je termine ici la notice sur Trizac; j'aurais encore, il est vrai, à citer bien des noms honorables et à raconter des anecdotes d'une édifiante naïveté, mais je ne pourrais remplir cette tâche, sans dépasser les bornes du cadre restreint que j'ai adopté. Cependant, je ne saurais m'empêcher de nommer trois vénérables pasteurs de Trizac, savoir : M. Fontanges, curé avant et pendant une partie de la révolution, prêtre d'un talent rare pour catéchiser et instruire son troupeau. Son successeur, M. Croizet, mon parent, modèle de piété, de douceur, de zèle, d'instruction, et M. de Neyrac, homme apostolique, mort curé de Saint-Flour. J'ose ajouter, en outre, les noms des familles les plus notables de Trizac, qui étaient au commencement de ce siècle : les familles de Thuret, de la Vaissière, Fénolhac de Prades, Raynal-la-Bosque, Journiac, Fénolhac, Chaumeil, Dupuy, Lacombe, Chanet, Raoux, Aurier, de Chavaroche, au village de ce nom ; Bouchy et Raoux, au village de Vrauzan ; Dupuy, à Leybros ; Chaussade, à Chamblat ; Monteil, à Lacoste ; Broquin, à la Chassagne ; Chauvel, à Chauvel ; Duc, à Cheyrouse ; et parmi les membres de tant de familles, nous mentionnons avec empressement M. de Thuret, aîné, homme éminent, ingénieur en chef à Clermont, chevalier de la Légion d'honneur, et son valeureux frère, Augustin de Thuret, officier de cavalerie, mon noble ami et militaire doué des plus brillantes qualités, que M. Talandier compare dans son livre sur l'Auvergne, au général Désaix. J'ajoute encore les noms de M. Bouchy de Vrauzan, avocat distingué et décédé bien jeune ; M. Annet Fenolhac, mon parent, médecin à la suite de la grande armée, mort dans la désastreuse campagne de Russie, de 1812 et frère du brave docteur Fenolhac, décédé à Marvejols par suite d'un accident de voiture. Je ne pousse pas plus loin mes citations, et je finis en réitérant mon vœu qui est d'affermir de plus en plus mes lecteurs compatriotes dans l'amour du lieu qui les a vus naître et de leur inspirer le désir de bien faire.

L'abbé CHAUMEIL.